Inhalt

Kein Platz mehr für Phrasendrescher - Mit Content Marketing wollen Firmen ihren Kunden Mehrwert bieten

Kernthesen

Beitrag

Fallbeispiele

Weiterführende Literatur

Impressum

Kein Platz mehr für Phrasendrescher - Mit Content Marketing wollen Firmen ihren Kunden Mehrwert bieten

Harald Reil

Kernthesen

- Content Marketing (CM) hat seinen Siegeszug angetreten und verzeichnet Zuwachsraten im zweistelligen Prozentbereich.
- Unternehmen setzen bei der Publikation von Inhalten mit Mehrwert auf Crossmedialität.

- An der Spitze der Verbreitungskanäle stehen einer Studie zufolge die Social Media.
- Aber auch Kundenmagazine werden in Zukunft vermehrt auf Content Marketing setzen.
- Das Forum Corporate Publishing denkt sogar über eine Namensänderung nach, die diesen Trend widerspiegelt.

Beitrag

Wer Unsinn redet, wird schnell entlarvt

Zu wünschen wäre es: Vielleicht gehören platte Werbesprüche schon bald der Vergangenheit an. Stattdessen dürfen sich Verbraucher über Informationen von Unternehmen freuen, die einen wirklichen Nutzwert bieten. Die eigenen Produkte oder Services treten dabei in den Hintergrund. Content Marketing nennen Experten diesen neuen Werbedreh und führen als einen der Hauptverantwortlichen für diese Wende hin zu echten und verwertbaren Inhalten den Einfluss des Mitmachnetzes an. Denn in Zeiten der

Demokratisierung der Informationsverbreitung ist es für Unternehmen kaum mehr möglich, den Kunden hinters Licht zu führen - zumindest nicht für lange Zeit. Wer Unsinn redet, wird schnell entlarvt und an den Pranger gestellt. Diese im Fachjargon Shitstorms genannten Wutausbrüche von Konsumenten können auch dem stärksten Unternehmen den Garaus machen und in den Ruin treiben. Firmen tun daher gut daran, einen neuen Weg einzuschlagen. Die Hoffnung: Wer sich als kompetent erweist, nimmt Verbraucher für sich ein. Das spricht sich schnell herum und wirkt sich nicht nur positiv auf das Image des Unternehmens aus, sondern auch auf seine Produkte oder Dienstleistungen. (1)

Content Marketing nimmt rapide an Bedeutung zu

Der neue Trend kommt - wieder einmal - aus den USA. Doch mittlerweile macht er auch international Karriere. Eine Online-Befragung des B2B Intelligence Centers unter 440 Marketingfachleuten hat herausgefunden, dass sich mittlerweile 34 Prozent der Unternehmen intensiv mit Content Marketing auseinandersetzen. Das ist eine Steigerung im Vergleich zum Jahr 2011 um satte 16 Prozent. Im nächsten Jahr soll diese Zahl sogar auf 66 Prozentpunkte klettern. Als wesentliche Stärken von

Content Marketing gaben die Interviewpartner Folgendes zu Protokoll: CM verbessert die Beziehungen mit wichtigen Zielgruppen (56 Prozent der Nennungen), es erhöht den Vertrauensfaktor (47 Prozent), es hilft Unternehmen dabei, sich besser auf dem Markt zu positionieren (33 Prozent), und es unterstützt schließlich auch noch die Suchmaschinenoptimierung (23 Prozent). (4)

Unternehmen geben immer mehr Geld für Content Marketing aus

Die Studie hat außerdem zutage gefördert, dass Content Marketeers aus allen Rohren feuern, um ihre nutzbringenden Inhalte unters Volk zu bringen. Als wichtigstes Vermittlungsinstrument mit achtzig Prozent der Nennungen stehen die Social Media aber unangefochten an der Spitze. Es folgen Online-Artikel (74 Prozent), E-Newsletters (65 Prozent), White Papers (60 Prozent), Blogs (59 Prozent), Case Studies (58 Prozent) und Videos (57 Prozent). Veröffentlicht wurde die Studie unter dem Titel "Content Marketing: Ready for Prime Time". Eine ähnliche Untersuchung der in London ansässigen Content Marketing Association (CMA) kommt zwar zu einer anderen Reihenfolge der wichtigsten CM-Vermittlungsmedien, bestätigt aber den allgemeinen Trend. Sie geht davon aus, dass Unternehmen für

Content Marketing schon innerhalb der nächsten Jahre rund zwanzig Prozent ihres gesamten Werbebudgets veranschlagen werden. (4), (5)

Kampfansage an Werbeagenturen

Dass Content Marketing auch die Printprodukte von Unternehmen maßgeblich verändern wird, zeigen Überlegungen, die das Forum Corporate Publishing (FCP) anstellt. Der Verband, der Verlage vertritt, die Kundenmagazine produzieren, hat dieses Jahr seinen Kongress nicht nur programmatisch mit dem Titel "Content & Commerce - mit Inhalten besser verkaufen" überschrieben, sondern denkt sogar darüber nach, sich umzubenennen. Der Flurfunk meldet, dass Content Marketing ein heißer Anwärter auf den neuen Namen sein könnte. Was auf den ersten Blick wenig spektakulär aussieht, birgt großes Sprengpotenzial in sich, da es sich bei genauerem Hinschauen als eine Kampfansage an klassische Werbeagenturen entpuppt. Die Produzenten von Kundenmagazinen nehmen für sich in Anspruch, mit journalistischem Know-how zu glänzen und Inhalte liefern zu können, die Leser wirklich interessieren - eine Qualität, die ihrer Meinung nach den klassischen Werbeagenturen abgeht. (6)

Trends

Content Marketing läutet Paradigmenwechsel ein

Content Marketing wird in Zukunft das Bild der Marketinglandschaft drastisch verändern. Inwieweit diese Trendwende den klassischen Werbeagenturen das Wasser abgraben wird, ist noch nicht abzusehen. Tatsache aber ist, dass tatsächlich immer mehr Firmen in ihrer Kommunikation mit dem Verbraucher auf nutzbringende Inhalte setzen. Es ist unwahrscheinlich, dass dieser Paradigmenwechsel nur eine kurzlebige Modeerscheinung sein wird. Das Mitmachnetz hat die Welt der Information revolutioniert und demokratisiert. Vorbei sind die Zeiten, als die Unternehmen das Kommunikationsmonopol innehatten und keine Angst vor der gebündelten Meinungskraft der Konsumenten haben mussten. Firmen, die daher nicht Gefahr laufen wollen, dass Aussagen ohne Substanz als schal und oberflächlich entlarvt werden - mit potenziell fatalen Folgen für Image und Verkauf -, verzichten daher am besten ganz auf Leerformeln. Content Marketing ist daher eine logische Konsequenz der Informationsrevolution und wird sich aus diesem Grund auch aller Voraussicht nach wie ein Lauffeuer ausbreiten. (1)

Gleichzeitig entwickelt sich durch Content Marketing eine ernstzunehmende Konkurrenz für klassische Fachzeitschriften. Ausstattung und Layout von Coporate-Publishing-Magazinen übertreffen aufgrund der Zahlungsbereitschaft der Unternehmen häufig das Niveau von Fachbüchern oder -zeitschriften. Auch die redaktionelle Qualität von CP-Magazinen ist in vielen Fällen inzwischen durchaus vergleichbar mit Fachtiteln. Einige Verlage integrieren daher bereits CP-Angebote in ihre Geschäftsmodelle, um sich gegen Umsatzausfälle aufgrund des Content Marketings von Unternehmen abzusichern. (9)

Fallbeispiele

Laviva floppt am Kiosk, ist aber dennoch erfolgreich

Rewe hat mit Laviva eine Zeitschrift ins Leben gerufen, die Lifestyle-Themen beackert und Leser mit Produktcoupons lockt. Nach eigenen Angaben soll das Magazin auf der Beliebtheitsskala der monatlich veröffentlichten Frauenzeitschriften mittlerweile auf den dritten Rang geklettert sein. Der Versuch, Laviva an einigen Kiosken in Berlin, Hamburg und Köln zu verkaufen, ist allerdings gescheitert. Ein Rewe-Sprecher hat den Flop vor kurzem eingeräumt. Dennoch gilt Laviva als eines der gelungensten Beispiele für die Neulancierung einer Zeitschrift der letzten Jahre. Interessenten können das Magazin, das monatlich knapp über 300 000 Leser findet, weiterhin in den Rewe-Filialen kaufen. (1), (2)

Red Bulletin will GQ Konkurrenz machen

Der österreichische Getränkehersteller Red Bull macht Nägeln mit Köpfen. Er möchte sein Magazin Red Bulletin als ein ernstzunehmendes Lifestyle-Magazin etablieren, das mit so renommierten Titeln wie zum Beispiel GQ oder AD des Condé Nast Verlags konkurrieren kann. Dieter Mateschitz, der das Red-Bull-Reich regiert, hat zu diesem Zweck den deutschen Manager Wolfgang Winter ins Boot geholt. Zu Beginn des nächsten Jahres soll der ehemalige Condé-Nast-Mann die Printerzeugnisse des Red-Bull-Imperiums verantworten. Schon jetzt erscheint Red Bulletin in einer Auflage von 3,7 Millionen Exemplaren in Europa, Südafrika und Neuseeland und gehört damit zu den auflagenstärksten Magazinen der Welt. (1), (3)

Schwarzkopf wickelt Leser mit haarigen Themen ein

Auch das Henkel-Unternehmen Schwarzkopf bietet seinen Kunden Nutzwert an. Es hat eine Internetseite ins Leben gerufen, auf der sich alles rund ums Haar, um Styling, Trends und Glamour dreht. Plumpe Produktwerbung wird der Besucher vergeblich auf dem neuen Webauftritt suchen. Dass die Taktik der Schwarzkopf-Strategen aufgeht, zeigen die Besucherzahlen. Sie haben sich im Vergleich mit der alten Website verfünfzehnfacht. Die User bleiben auch länger auf den neuen Seiten als auf den alten. Für die Marketingverantwortlichen ist damit klar: Themen stehen für den Konsumenten klar im Vordergrund und nicht die Produkte. (1)

McFit setzt mit Loox konsequent auf Content mit Mehrwert

Die Fitness-Kette McFit setzt mit dem Lifestyle-Magazin Loox und seinem gleichnamigen Online-Portal ebenfalls konsequent auf Content. In dem Magazin, das monatlich erscheint und das Interessenten für zwei Euro pro Ausgabe kaufen können, finden Leser Trainings-, Gesundheits- und

Ernährungstipps, aber auch Artikel zu Themen wie Mode, Urlaub, Technik, Lifestyle und Trends. Das Online-Portal liefert zu denselben Themen zusätzliche Informationen. (1), (7)

finanzversteher.de kommt ohne Werbung aus

Ing-Diba hat ebenfalls das Content Marketing für sich entdeckt. Mit ihrer Website finanzversteher.de hat Deutschlands größte Direktbank sich zum Ziel gesetzt, Lesern in Geldfragen Nachhilfeunterricht zu erteilen. Wer einen Haken bei der Sache sucht, wird ihn nicht finden. Nicht nur kommt die Website ohne Werbung aus, sie liefert auch Informationen, die nicht gerade typisch für eine Bank sind. Einige Beispiele: finanzversteher.de hat darauf hingewiesen, dass es unrentabel ist, Geld für Ausbildungsversicherungen auszugeben, dass ein Banksparplan sich nicht lohnt oder dass es erfolgversprechender ist, Schulden abzubauen als Geld anzulegen. Über Informationen, die einen tatsächlichen Mehrwert darstellen, will die Ing-Diba Vertrauen aufbauen und sich Bestands- und potenziellen Neu-Kunden als kompetenten und verlässlichen Partner präsentieren. (1), (8)

Weiterführende Literatur

(1) ÜBERZEUGEN STATT ÜBERREDEN
aus Absatzwirtschaft Sonderausgabe zur dmexco 2012 vom 12.09.2012 Seite 038

(2) Laviva scheitert am Kiosk
aus Der Kontakter Nr. 38 vom 17.09.2012, S. 24

(3) Powern statt posen
aus werben & verkaufen Nr. 38 vom 20.09.2012, S. 10

(4) Content marketing comes of age
aus werben & verkaufen Nr. 38 vom 20.09.2012, S. 10

(5) Studie: Content Marketing im Social Web
aus W&V Online-Magazin vom 09.07.2012

(6) Ein Begriff macht Karriere
aus Horizont 27 vom 05.07.2012 Seite 015

(7) Loox zeigt sich auf internationaler Werbebühne
aus horizont.net vom 05.07.2012

(8) 1 x 1 des Geldes Mit ihrer neuen Internetseite finanzversteher. de will die Direktbank ING-DiBa Finanzlaien in Geldfragen bilden
aus EURO, 15.12.2010, Nr. 1, S. 120 - 121

(9) „Das gibt es nur bei uns"
aus Horizont 26 vom 28.06.2012 Seite 032 bis 033

Impressum

Kein Platz mehr für Phrasendrescher - Mit Content Marketing wollen Firmen ihren Kunden Mehrwert bieten

Bibliografische Information der deutschen Nationalbibliothek

Die Deutsche Nationalbibliothek verzeichnet diese Publikation in der deutschen Nationalbibliografie; detaillierte bibliografische Daten sind im Internet über http://dnb.d-nb.de abrufbar.

ISBN: 978-3-7379-0802-3

© 2015 GBI-Genios Deutsche Wirtschaftsdatenbank GmbH, Freischützstraße 96, 81927 München, www.genios.de

Alle Rechte vorbehalten. Dieses Werk ist einschließlich aller seiner Teile – z.B. Texte, Tabellen und Grafiken - urheberrechtlich geschützt. Jede Verwertung außerhalb der Grenzen des Urheberrechtsgesetzes bedarf der vorherigen Zustimmung des Verlags. Dies gilt insbesondere auch für auszugsweise Nachdrucke, fotomechanische Vervielfältigungen (Fotokopie/Mikroskopie), Übersetzungen, Auswertungen durch Datenbanken oder ähnliche Einrichtungen und die Einspeicherung und Verarbeitung in elektronischen Systemen.